AF330552

# CHANTS

## A NOTRE-SEIGNEUR,

### A LA SAINTE VIERGE, A SAINT JOSEPH.

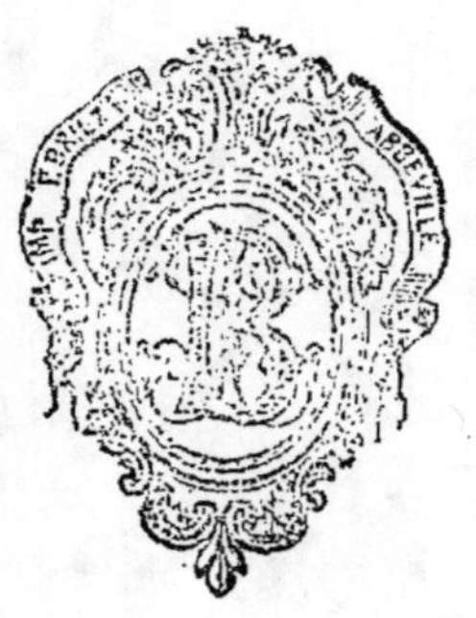

**ABBEVILLE**

IMPRIMERIE P. BRIEZ

—

1868

# CHANTS

## A NOTRE-SEIGNEUR,

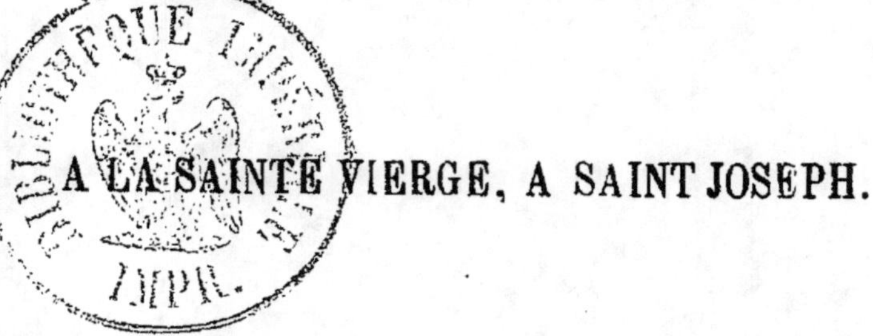

## A LA SAINTE VIERGE, A SAINT JOSEPH.

ABBEVILLE

IMPRIMERIE P. BRIEZ

—

1868

# CHANTS SPIRITUELS

## N° 1. — SENTIMENTS DE FOI.

*Refrain.* Je suis chrétien ! voilà ma gloire,
Mon espérance et mon soutien ;
Mon chant d'amour et de victoire,
Je suis chrétien ! je suis chrétien.

### 1

Je suis chrétien ! à mon baptême
L'eau sainte a coulé sur mon front :
La grâce, en ce moment suprême,
De mon âme a lavé l'affront.
    Je suis, etc.

### 2

Je suis chrétien, j'ai Dieu pour père
A sa loi je veux obéir :
Avec sa grâce salutaire,
Pour lui je veux vivre et mourir.
    Je suis, etc.

### 3

Je suis chrétien ! Je suis le frère
De Jésus-Christ mon rédempteur ;
L'aimer, le servir et lui plaire
Fera ma gloire et mon bonheur.
    Je suis, etc.

### 4

Je suis chrétien, je suis le temple
De l'Esprit-Saint, du Dieu d'amour ;
Celui que tout le ciel contemple
Possède mon cœur sans retour.
    Je suis, etc.

### 5

Je suis chrétien ! ô sainte Église,
Je suis devenu votre enfant ;
Plein d'amour, d'une foi soumise,
Je suivrai votre enseignement.
    Je suis, etc.

### 6

Je suis chrétien ! j'ai pour bannière
La croix de mon divin Sauveur !
Mes ennemis me font la guerre
Mais je me ris de leur fureur.
    Je suis, etc.

### 7

Je suis chrétien ! sur cette terre
Je passe comme un voyageur
Ici-bas tout n'est que misère :
Rien ne saurait remplir mon cœur.
    Je suis, etc.

### 8

Je suis chrétien ! ô ma patrie,
Beau ciel, j'irai te voir un jour !
En Dieu je trouverai la vie,
La paix, le bonheur et l'amour
    Je suis, etc.

## 2. — MÊME SUJET.

Le Ciel est ma patrie,
Je suis du peuple des élus,
Mon frère s'appelle Jésus
Et ma mère Marie.


1. Quoi, le nom de Marie est le nom de ma mère,
Jeune enfant, c'est au Ciel que tu reçus le jour ?
A quel titre oses-tu nommer Jésus ton frère ?
Qui t'inspire ces chants d'espérance et d'amour ?
Le Ciel, etc.


2. Écoutez un enfant ; un livre qu'on vénère,
Où Dieu parle lui-même et nous donne sa loi,
De ma noble origine éclaircit le mystère ;
Un jour j'y lus ces mots : *Mon Fils, console-toi.*
Le Ciel, etc.


3. Oui, Jésus est mon frère, en une étable obscure,
Pauvre, ignoré, souffrant, il naquit autrefois ;
Le fils de l'Eternel, revêtant ma nature,
M'adopta pour son frère, et me transmit ses droits.
Le Ciel, etc.


4. Oui, Jésus se plaisait à m'appeler son frère,
Sa mère souriait, et me nommait son fils ;
Qu'ils m'aimaient tous les deux !!! Voyez-vous ce calvaire?
Il vous apprend, lui seul, à quel titre je dis :
Le Ciel, etc.


5. Avant de consommer son douloureux mystère,
Jésus voulut me faire un don digne de lui;
N'ayant plus d'autre bien, il me donna sa mère !
Voilà ! voilà pourquoi je répète aujourd'hui:
Le Ciel, etc.

6. Jésus meurt, mais des siens une foule assemblée
Le vit un jour au Ciel s'élever triomphant ;
Bientôt auprès de lui Marie est appelée,
Et moi je reste seul ! je reste et cependant
        Le Ciel, etc.

7. Ah ! quand viendra le jour, où loin de cette terre,
Aussi moi, vers le Ciel, je prendrai mon essor !
Jour heureux, hâte-toi, viens m'unir à ma mère ;
Viens m'unir à Jésus, et qu'auprès d'eux encor
        Je chante en ma patrie, etc.

---

## 3. — DOCTRINE CHRÉTIENNE.

### UN DIEU CRÉATEUR ET RÉMUNÉRATEUR.

1. Crois un Dieu créateur du ciel et de la terre,
Qui conserve et gouverne en maître l'univers ;
Infini, juste et bon, de l'homme il est le père,
Réserve aux bons le ciel, aux méchants les enfers.

*Refrain.*

Oui, Seigneur, nous croyons ces vérités divines ;
Mais daignez augmenter cette foi dans nos cœurs.
Nul ne sera sauvé s'il ne tient ces doctrines,
Et ne s'efforce en tout d'y conformer ses mœurs.

### MYSTÈRE DE LA SAINTE TRINITÉ.

2. Crois de la Trinité le mystère suprême :
Trois personnes en Dieu, Père, Fils, Saint-Esprit :
Ils sont tous trois égaux : leur nature est la même,
L'Église, notre mère, ainsi de Dieu l'apprit.
        Oui, Seigneur, etc.

## MYSTÈRE DE L'INCARNATION.

3. Pour laver dans son sang la tache originelle,
Crois que le Fils de Dieu pour nous s'est incarné.
Sans Jésus, l'homme était, à la mort éternelle,
Pour le péché d'Adam, justement condamné.
    Oui, Seigneur, etc.

## MYSTÈRE DE LA RÉDEMPTION.

4. Conçu du Saint-Esprit, né d'une Vierge-Mère,
Humble, pauvre et soumis, parmi nous il vécut ;
Guérit nos maux, prêcha l'évangile à la terre,
Et pour nous racheter, sur la croix il mourut.
    Oui, Seigneur, etc.

## RÉSURRECTION. — ASCENSION. — JUGEMENT DERNIER.

5. Mais bientôt, sur la mort remportant la victoire,
A la droite du Père il monta dans le ciel.
Un jour, nous le verrons descendre, plein de gloire,
Pour prononcer à tous nôtre arrêt éternel.
    Oui, Seigneur, etc.

## SAINT-ESPRIT. — JUSTIFICATION DU PÉCHEUR.

6. Le Père t'a créé par sa toute-puissance ;
Le Fils, pour te sauver, a versé tout son sang ;
L'Esprit-Saint, de ses dons t'accordant l'abondance,
Rend ton cœur juste et saint, de Dieu te fait enfant.
    Oui, Seigneur, etc.

## NÉCESSITÉ DE LA PRIÈRE, DE LA GRACE, DE LA FRÉQUEN-TATION DES SACREMENTS.

7. Adresse au Ciel une humble et constante prière;
Sans la grâce à tout bien nous sommes impuissants,

De Jésus, par Marie, obtiens force et lumière,
Et surtout avec foi recours aux sacrements.
    Oui, Seigneur, etc.


### CONFESSION. — FUITE DE L'OCCASION.

8. Dieu du plus grand pécheur reçoit la pénitence ;
Reviens, humble et contrit ; sois franc dans tes aveux ;
Sois ferme en ton propos ; sauve ton innocence
De toute occasion, de tout mal dangereux.
    Oui, Seigneur, etc.


### MOTIFS DE CONTRITION.

9. Pour haïr ton péché, songe aux maux qu'il amène,
Monte au ciel en esprit, vois quel trône tu perds ;
Descends, et des damnés vois l'éternelle peine ;
Viens au calvaire, et là, verse des pleurs amers.
    Oui, Seigneur, etc.


### EUCHARISTIE. — COMMUNION.

10. Dans la communion, Dieu t'offre en nourriture
Son corps, son sang, son âme et sa divinité.
S'il change ici pour toi les lois de la nature,
Il veut que ce banquet soit par toi fréquenté.
    Oui, Seigneur, etc.


### ÉGLISE. — INSTITUTION DIVINE.

11. Crois encor qu'ici-bas il a fondé l'Église ;
De son Esprit divin il l'assiste toujours.
Comme à son chef suprême, au Pape il l'a soumise ;
Avec elle il sera jusqu'à la fin des jours.
    Oui, Seigneur, etc.

12. Souviens-toi que pour lui Dieu t'a mis sur la terre.
Le temps fuit, la mort vient, et puis, l'éternité...
Ou le ciel, ou l'enfer, au bout de ta carrière...
Connais, aime et sers Dieu : le reste est vanité.
    Oui, Seigneur, etc.

————

## 4. — A NOTRE-SEIGNEUR.

1. Accourez, ô vous qui pleurez,
O vous que la douleur oppresse ;
Accourez, vous qui pleurez,
Entrez dans les parvis sacrés :
    Un Dieu plein de tendresse,
    N'y réside sans cesse
Que pour répandre au fond de votre cœur
    La paix (*bis*) et le bonheur !
    La paix (*ter*) et le bonheur !

Écoutez ces accents que lui-même vous adresse.
Écoutez ces accents si nobles, si touchants.
Venez, venez à moi, cœurs chargés de tristesse.
J'adoucirai vos maux, je sècherai vos pleurs.
Vous goûterez un jour les célestes douceurs
De mon éternelle allégresse, de mon éternelle allégresse.

————

## L'INCARNATION.

2. Il s'est fait homme pour mourir.
    Et partager notre misère ;

Il s'est fait homme pour mourir
Et nous enseigner à souffrir.
Ce doux et tendre frère
N'a paru sur la terre
Que pour verser en ce lieu de douleur
La paix (*bis*) et le bonheur !
La paix (*ter*) et le bonheur !
Écoutez, etc.

—

## LA RÉDEMPTION.

3.  C'est pour nous qu'il s'est immolé,
Auguste et généreuse hostie ;
C'est pour nous qu'il s'est immolé
Et que tout son sang a coulé.
La terre réjouie
Y retrouve la vie,
Le Ciel répand au séjour du malheur
La paix (*bis*) et le bonheur !
La paix (*ter*) et le bonheur !
Écoutez, etc.

—

## LA PÉNITENCE.

4.  Baume suave et merveilleux,
Guérissant toutes les blessures,
Baume suave et merveilleux,
Ce sang coule encor sous nos yeux.
Par lui nos meurtrissures,
Nos fautes, nos souillures,
Tout disparaît ; il redonne au pécheur

> La paix (*bis*) et le bonheur !
> La paix (*ter*) et le bonheur !
> Écoutez, etc.

---

## L'EUCHARISTIE

5. On sent la présence de Dieu
   Aux approches du sanctuaire,
   On sent la présence de Dieu
   Qui réside dans le saint lieu
   Et sa vive lumière
   Nos ravit, nous éclaire ;
Elle pénètre et met dans notre cœur
   La paix (*bis*) et le bonheur !
   La paix (*ter*) et le bonheur !
   Écoutez, etc.

---

## L'ÉGLISE.

6. Dans le saint lieu nous croyons voir
   L'heureux terme de notre espoir.
   Le Paradis s'ouvrir d'avance,
   Dans le saint lieu nous croyons voir
   De Jésus la présence
   Est une jouissance
Qui des élus apporte à notre cœur
   La paix (*bis*) et le bonheur !
   La paix (*ter*) et le bonheur !
   Écoutez, etc.

---

## LE CIEL.

Beau Ciel, éternelle patrie !
Vous comblerez tous mes désirs ;
Le monde, ses biens, ses plaisirs,
N'ont rien qui soit digne d'envie.
            Dieu d'amour ! Dieu d'amour !
Quand m'appellerez-vous au céleste séjour !
Quand m'appellerez-vous au céleste séjour !

### 2.

Ici, malgré ma vigilance,
Toujours quelque infidélité ;
Mais, dans ce séjour enchanté,
On aime, et jamais on n'offense.
            Dieu, etc.

### 3.

Là point de maux, point de souffrance :
    C'est le partage d'ici-bas ;
    La vie est le temps des combats,
Le Ciel en est la récompense.
            Dieu, etc.

### 4.

O mort, viens finir mes alarmes.
Rendre mon âme à son Créateur ;
    Ah ! la vie est-elle un bonheur,
Quand on y verse tant de larmes !
            Dieu, etc.

### 5.

O bonheur qui jamais ne lasse !
O suprême félicité !

Le  Dieu d'éternelle beauté
Se montre aux élus face à face.
      Dieu, etc.

### 6.

Grand Dieu, que j'adore et que j'aime,
Vous ferez donc tout mon bonheur !
Là vous satisferez mon cœur,
En le remplissant de vous-même.
      Dieu, etc.

### 7.

Je l'entends ce Dieu qui m'appelle :
Encore un moment de travaux,
Et je vais goûter le repos
Au sein de la gloire éternelle.
      Dieu, etc.

## 6.—VERTUS CHRÉTIENNES.

Consacrer ses jours au Dieu des vertus ;
Avec le secours du Seigneur Jésus,
S'armer de la croix,
Faire la guerre à tous les vices.
Étouffer la voix
Des vanités et des délices :
Honorer Marie, la Reine des Cieux,
Voilà bien la vie d'un cœur généreux. (*Bis*)

### 2.

Si ton cœur entend de la volupté
L'attrait séduisant n'en soit pas tenté :
    Ses plaisirs trompeurs
Ses satisfactions, ses charmes,
    Ses fausses douceurs
Causent d'éternelles alarmes,
Pour sauver ton âme dans l'éternité,
Abhorre la flamme de la volupté.  (*Bis*.)

### 3.

Dans la pauvreté vivre continent,
Dans l'humilité l'homme obéissant ;
    Toujours du Seigneur
En suivant les leçons embrasse
    La sainte rigueur
Que ce Divin Maître nous trace :
Du saint Évangile, les sublimes lois
De son cœur docile font l'unique choix.  (*Bis*.)

### 4.

La Foi nous apprend, dans tout l'univers,
Que Dieu est grand : les objets divers
    Qui frappent nos yeux,
De sa puissante main l'ouvrage,
    La terre et les cieux
Comme nous lui doivent hommage.
A lui la victoire, chantons à son nom :
Éternelle gloire au Dieu de Sion. (*Bis*,)

### 5.

Sainte charité, tes vives ardeurs,
Ton activité, réchauffent nos cœurs.
    Objet de mes vœux
Par ta vivifiante flamme
    Par tes divins feux
Amollis, embrase nos âmes.
Vertu précieuse, comble mon espoir :
Rends mon âme heureuse au beau jour sans soir.

6.

Séjour des Élus, séjour précieux ;
Séjour des vertus, séjour des heureux :
Où le Dieu Sauveur
Montrant ses beautés adorables
Inonde le cœur
De ces délices ineffables,
Qu'on ne peut comprendre ni voir en ces lieux,
Qu'on ne peut entendre qu'au séjour des cieux. (*bis.*)

---

## 7.—POUR LA FÊTE DE NOEL.

1. Chrétiens, célébrons les louanges
   Du Sauveur qui se fait enfant ;
   Chantons le cantique des Anges :
   Honneur, honneur au Tout-Puissant.
   Gloria (*bis*), In excelsis Deo,
   In excelsis Deo, In excelsis Deo.

2. Il n'est plus ce Dieu formidable
   Qui menace de son courroux ;
   Sous l'aspect d'un enfant aimable
   Il est descendu parmi nous.
   Gloria...

3. Il fait sa première conquête
   Du simple habitant du hameau :
   Le berger avec sa houlette
   Est le premier à son berceau.
   Gloria...

4. Il vient ranimer l'espérance
    Des pécheurs et des malheureux :
    Il maudit la fière opulence
    Et le riche voluptueux.
            Gloria...

5. Visitons Jésus à la crèche,
    Visitons cet aimable enfant :
    Ecoutons sa voix qui nous prêche
    La paix, l'amour le plus ardent.
            Gloria...

6. Livrons nos vœux à l'allégresse,
    Nous cessons d'être malheureux ;
    Chantons et répétons sans cesse
    Le chant des Esprits bienheureux.
            Gloria...

---

## 8. — MÊME SUJET.

1. Les Anges, dans nos campagnes,
    Ont entonné l'hymne des cieux ;
    Et l'écho de nos montagnes
    Redit ce chant mélodieux ;
            Gloria in excelsis Deo ! *(ter)*

2. Bergers, pour qui cette fête ?
    Quel est l'objet de tous ces chants ?
    Quel vainqueur ? quelle conquête
    Mérite ces cris triomphants ?
            Gloria...

3.  Ils annoncent la naissance
    Du libérateur d'Israël :
    Et, pleins de reconnaissance,
    Chantent en ce jour solennel
        Gloria...

4.  Allons tous de compagnie,
    Sous l'humble toit qu'il a choisi,
    Voir l'adorable Messie
    A qui nous chanterons aussi :
        Gloria...

5.  Cherchons tous l'heureux village
    Qui l'a vu naître sous ses toits.
    Offrons-lui le tendre hommage
    Et de nos cœurs et de nos voix.
        Gloria...

6.  Dans l'humilité profonde
    Où vous paraissez à nos yeux,
    Pour vous louer, Roi du monde,
    Nous redirons ce chant joyeux :
        Gloria...

7.  Toujours remplis du mystère
    Qu'opère aujourd'hui votre amour
    Notre devoir sur la terre
    Sera de chanter chaque jour :
        Gloria...

8.  Déjà les bienheureux Anges,
    Les Chérubins, les Séraphins,
    Occupés de vos louanges,
    Ont appris à dire aux humains :
        Gloria...

9.  Bergers, loin de vos retraites,
    Unissez-vous à leurs concerts,

Et que vos tendres musettes
Fassent retentir dans les airs :
Gloria...

7. Dociles à leur exemple,
   Seigneur, nous viendrons désormais
   Au milieu de votre temple,
   Chanter avec eux vos bienfaits.
   Gloria...

---

## A LA SAINTE VIERGE.

### 9. — L'IMMACULÉE CONCEPTION.

Honneur, louange, amour au lis de la vallée,
Qui brille dans le ciel, parfume l'univers.
Amour, Gloire à Marie,
Elle est immaculée !!!...
Proclamons notre foi (*bis*) par les plus doux concerts !

1. Je voudrais parler d'elle avec des harmonies,
   Une bouche d'Archange, un cœur de Séraphin :
   Je voudrais lui donner des gloires infinies,
   L'amour de tous les cœurs, un amour tout divin.
   Honneur, etc.

2. La mère de Jésus, même au seuil de la vie,
   Le pontife a parlé, nous entendons sa voix,
   Du souffle de Satan jamais ne fut flétrie,
   Tous les siècles l'ont dit ; disons aussi : *Je crois.*
   Honneur, etc.

3. Sainte Eglise, ô ma mère ! ô mère chérie.
Avec un doux transport j'obéis à tes lois ;
Pour ce dogme sacré, je donnerais ma vie ;
Oui, je voudrais mourir en répétant : *Je crois*.
Honneur, etc.

4. L'œil de l'homme ici-bas est fait pour la lumière ;
Un rayon échappé des splendeurs du soleil
Dilate et réjouit notre humide paupière ;
Qui n'aime à saluer l'aurore à son réveil ?
Honneur, etc.

5. Soumise aux mêmes lois, l'Eglise en tous ses âges
A cherché la lumière ; et dès longtemps ses yeux,
Epiaient un rayon qu'à travers les nuages,
Elle avait aperçu dans la blancheur des cieux !
Honneur, etc.

6. Ce rayon aujourd'hui vient luiré sur le monde.
L'étoile de Jacob, l'aurore du soleil
Eclate, resplendit dans notre nuit profonde,
Et réveille nos sens après un long sommeil.
Honneur, etc.

7. L'Étoile de la mer se lève plus brillante ;
La rose du mystère embellit sa fraîcheur,
La Tige de Jessé devient plus verdoyante;
Et la tour de David éclate de blancheur.
Honneur, etc.

8. Est-il un plus plus doux que le nom de Marie ?
Après le nom divin du Rédempteur Jésus?
C'est le parfum du ciel, c'est la goutte bénie
De nectar et d'encens, breuvage des élus.
Honneur, etc.

9. Pas un jour ne commence, aucun jour ne s'achève,
Que mon cœur ne l'implore avec un vrai bonheur.

Toujours elle console ; elle est aux enfants d'Ève
Le baume qui guérit ou calme la douleur.
Honneur, etc.

10. Sur le cœur du soldat son image bénie
Repose vénérée : ah ! qu'il aime prier
Devant ce souvenir, d'une mère chérie
C'est la cuirasse d'or, son divin bouclier.
Honneur, etc.

11. Il la baise avec foi, respect et confiance
Au milieu du danger ; par elle il est plus fort,
Son âme est dans la paix, son cœur dans l'espérance;
Couvert de cette armure, il ne craint plus la mort.
Honneur, etc.

12. Comment ne pas aimer la plus tendre des mères !
Sa beauté resplendit d'un éclat immortel :
Elle adoucit nos maux, elle entend nos prières
Sa voix donne l'amour, l'amour donne le ciel.
Honneur, etc.

13. Votre gloire, ô Marie. est aussi notre gloire,
Nous sommes vos enfants ; tous vos biens sont à vous
Mais sur nos ennemis donnez-nous la victoire;
Faites-nous triompher et régner avec vous !
Honneur, etc.

---

## 10. — Même sujet

|  | *Refrain* |
|---|---|
| 1. Du Très-Haut la colère | A la Vierge bénie |
| Laisse tomber ses traits, | Gloire, honneur en ce jour! |
| Une Vierge à la terre | à l'auguste Marie |
| Vient annoncer la paix. | A Jamais, gloire, amour ! |

[Bis]

2. Sans tache, sans souil-
[lures,]
Des mains de l'Éternel
Elle sort aussi pure
Que la voûte du Ciel.

3. Au seuil de l'existence
Elle brave les enfers,
La rage, la puissance
Du tyran des enfers.

4. Du Sauveur c'est la mère
Et toutes les vertus
Ornent le sanctuaire
Où doit naître Jésus.

5. La terre enfin respire
Après quatre mille ans
Du plus cruel empire
De larmes, de tourments.

6. De sa libératrice,
La céleste beauté,
Désarme la justice
Du Seigneur irrité.

7. Elle brise la tête
De l'infernal serpent ;
Le monde est la conquête
De son Fils tout-puissant.

8. Innocente victime !
Un glaive de douleur,
Peine de notre crime,
Transpercera son cœur.

9. Mais bientôt triomphante
De tous les malheureux,
Mère compatissante
Elle entendra les vœux.

10. Ni l'âme déchirée
Par le cruel chagrin,
Ni l'épouse éplorée,
Ne la prieront en vain.

11. En elle la misère
Trouvera son soutien ;
Elle sera la mère
Du petit orphelin.

12. Tout danger, toute peine
Émeut son tendre cœur ;
Tout chagrin, toute chaîne
Cède à son bras vainqueur.

13. Vierge aimable et si
[chère,]
Sur nous jetez les yeux ;
Vous êtes notre mère
Conduisez-nous aux cieux.

14. Près de vous dans la
[gloire]
Nous dirons à jamais
Avec votre victoire ;
Notre amour, vos bienfaits.

## 11. — GLOIRE DE MARIE.

1. Quelle splendeur, quel éclat t'environne,
Reine des cieux, dans la céleste cour !
Mais ces dégres de ton sublime trône,
Pour tes enfants sont franchis par l'amour.

Nous te verrons, ô divine Marie,
Nous te verrons au céleste séjour :
Là tous nos cœurs, Mère tendre et chérie !
En te voyant s'enflammeront d'amour.

2. Ah ! loin de toi quelle douleur amère
Que de soupirs s'échappent de nos cœurs :
Vois en pitié, très-douce et tendre mère,
De notre âme, les désirs, les douleurs.
Nous te verrons...

3. Comble nos vœux, qu'un beau jour ta présence
Nous détachant de tout objet créé;
Tout près de toi, de la divine Essence,
Nous bénissions l'ineffable bonté.
Nous te verrons...

4. Heureux séjour où l'amour et la gloire,
De tous les cours remplissant les désirs !
Ah ! dans ton sein, d'une heureuse victoire,
Nous goûterons les suaves plaisirs.
Nous te verrons...

5. Sur tes enfants, ô douce et tendre Mère !
Daigne abaisser un regard maternel.
Vois en pitié notre affreuse misère.
De ces bas lieux, attire-nous au ciel.
Nous te verrons...

6. Toujours alors, unis aux chœurs des anges,
Nous redirons, dans des transports d'amour :
A tout jamais honneur, gloire, louanges,
A la Reine de la céleste cour.
Nous te verrons...

---

## 12. — GLOIRE A MARIE.

Gloire en tous lieux, à la divine Mère !
Gloire en tous lieux, à la Reine des cieux.
C'est le cri de toute la terre,
C'est le concert de tous les cœrs pieux,
Gloire en tous lieux, à la divine Mère,
Gloire en tous lieux, à la Reine des cieux.

1. Peuple chrétien, dans tes jours d'allégresse,
Offre à Marie un hymne solennel,
Venez, enfants, venez, tendre jeunesse,
Chanter son triomphe immmortel.
Gloire...

2. Unissons-nous aux brillants chœurs des Anges,
Pour célébrer ses sublimes vertus,
Marie a droit aux plus belles louanges;
Elle est la Reine des Élus.
Gloire...

3. Tout ici-bas proclame sa puissance,
Tout nous redit les charmes de son cœur,
Mais c'est au ciel, dans une gloire immense,
Que brille toute sa grandeur.
Gloire...

4. Après Jésus, maîtresse souveraine,
Elle commande à la céleste cour :
Mais c'est toujours la plus aimable Reine,
Son trône est un trône d'amour.
Gloire...

5. On voit partout sa bonté, sa clémence,
Sourire aux vœux des malheureux mortels :
Partout les dons de la reconnaissance
Viennent embellir ses autels.
Gloire...

6. Le matelot invoquant sa Patronne,
Voue sa barque à la Reine des mers,
Et le Monarque offre aussi sa couronne,
A la Reine de l'univers.
Gloire...

7. Et nous aussi, tous les jours de la vie,
Nous lui ferons l'hommage de nos cœurs ;
Elle sera notre Reine chérie,
Et nous serons ses serviteurs.
Gloire...

———————

## 12. — LE LIS, OU LA FLEUR DE MARIE

Ah ! qu'il est beau dans la plaine fleurie,
Le lis éclatant de blancheur !
En l'admirant, tout le monde s'écrie,
Le lis est la plus belle fleur,

*Refrain.* C'est la plus belle fleur,
Nous la donnons à la Vierge Marie,
A son autel elle est toujours chérie,

Toujours elle plaît à son cœur,
    C'est la plus belle fleur. (*Bis*).

2. Le voyez-vous paré de sa couronne,
Aux premiers rayons d'un beau jour ?
C'est un grand roi que la gloire environne,
Toutes les fleurs forment sa cour.
    C'est la plus belle fleur, etc.

3. Plein de douceur et de magnificence,
Il lève son front vers les cieux,
Et sur la terre, il verse l'abondance,
De ses parfums délicieux.
    C'est la plus belle fleur, etc.

4. J'aime le lis et sa blanche parure,
Symbole de gloire et d'honneur
Il est si beau, sa fleur est toute pure,
Toute brillante de fraîcheur.
    C'est la plus belle fleur, etc.

5. Je veux l'offrir à la Reine des Anges,
Je veux en orner son autel,
L'odeur du lis et nos chants de louanges,
Montent à son trône immortel.
    C'est la plus belle fleur, etc.

6. Offrons surtout à la divine Mère,
Le beau lis de la pureté,
C'est sous ses yeux et dans son sanctuaire,
Qu'il garde toute sa beauté.
    C'est la plus belle fleur, etc.

———

## 14. — FIDÉLITÉ A MARIE

Je suis à vous, bonne Marie.
Je vous donne mon cœur;
Je suis à vous, Mère chérie,
Vous êtes mon bonheur.
Je suis à vous, je suis à vous, bonne Marie,
Je suis à vous toute la vie, etc.

1. Aux pieds de votre image,
Prosterné chaque jour,
Je vous offre l'hommage;
De mon ardent amour.
    Je suis à vous....

2. Le monde me convie,
A ses plaisirs trompeurs;
Mais toujours je n'envie,
Que vos douces faveurs.
    Je suis....

3. Il n'est plus sur la terre,
Pour moi de vrais plaisirs :
Vers vous, ô tendre Mère,
S'élèvent mes désirs.
    Je suis....

4. Comme la pure flamme
Qui brûle à vos autels,
Ils vivront dans mon âme
Vos bienfaits immortels.
    Je suis....

Ici je renouvelle
Le plus doux des serments,
Je vous serai fidèle
Jusqu'aux derniers moments.
    Je suis....

## 15. — MÊME SUJET

Vierge sainte, rose vermeille
Toi dont nous aimons les autels ;
Du haut des cieux, prête l'oreille
A nos cantiques solennels,
Tu sais que nous voulons te plaire,
T'aimer, te bénir tous les jours
Vierge, montre-toi notre Mère
    Toujours, toujours, toujours. } *Bis*

### 2

Celui, qu'écrasa ta puissance,
Veille à la porte de nos cœurs ;
Et, pour nous ravir l'innocence,
Sous nos pas il sème des fleurs,
Nous pourrions, ingrats, te déplaire
Toi, qui nous comblas de bienfaits !
  Nous, t'oublier, auguste Mère,
    Jamais, jamais, jamais. } *Bis*

### 3

Du mondain si l'indifférence
D'amertume abreuve ton cœur,
Lors même que dans ta clémence
Tu tends les bras à son malheur :
Nous, du moins nous voulons te plaire,
T'aimer, te bénir tous les jours ;
Vierge, montre-toi notre Mère
    Toujours, toujours, toujours. } *Bis*

4

Malheur à l'aveugle coupable
Qui trahirait l'heureux serment
Qu'il te fit, Reine tout aimable,
De te servir fidèlement,
Plutôt mourir que te déplaire,
Toi, qui nous comblas de bienfaits ;
Nous, t'oublier, auguste Mère,
Jamais, jamais, jamais.   *Bis*

---

## 16. — MARIE PARLANT AU COEUR.

1. J'entends une voix attendrie
   Me dire au cœur à tout instant :
« Mon fils, seras-tu de Marie,
« Seras-tu pour jamais l'enfant.

Bonne Marie,
Vierge accomplie,
Je le suis, j'en fais le serment. (*Bis*)

2. « Pour toi mon amour est sincère,
   « Pour moi le tien l'est-il autant ?
   « Aime, aime-moi comme une mère,
   « Je t'aime moi comme un enfant,
Bonne Marie.

3. « Si l'affreux péché te convie
   « A transgresser ce doux serment :
   « Réponds-lui : Je suis à Marie,
   « Pour jamais je suis l'enfant.
Bonne Marie.

4. « Et lorsqu'un jour à la lumière
   « Se fermera ton œil mourant,
   « Ne crains pas que ta bonne Mère
   « Abandonne alors son enfant,
       Bonne Marie.

5. « Conduit par moi dans la Patrie
   « Où l'éternel bonheur t'attend,
   « Tu t'écrieras : O de Marie,
   « O qu'il est bon d'être l'enfant !
       Bonne Marie.

---

## 17. — DOUX ESPOIR DU CHRÉTIEN.

1. Je la verrai cette mère chérie,
   Ce doux espoir fait palpiter mon cœur ;
   Elle est si bonne et si tendre, Marie !
   Un seul regard ferait tout mon bonheur.

      Divine Marie
      J'ai l'espoir
      Au Ciel ma patrie
      De te voir.

2. Je fus toujours l'enfant de sa tendresse,
   Mais plus je suis comblé de ses bienfaits,
   Et plus j'éprouve en l'âme de tristesse :
   Je la chéris, je ne la vois jamais.
       Divine Marie.

3. Je la chéris, je me plais à redire
   Son nom si doux à chaque instant du jour ;
   A chaque instant je me plais à l'écrire :
   Je le répète et l'écris tour-à-tour.
       Divine Marie.

4. Je vais, cherchant son image fidèle ;
   Mais nulle part je ne suis satisfait :
   Ah ! dans mon cœur ma mère est bien plus belle ;
   Et ce tableau lui-même est imparfait,
   Divine Marie.

5. Combien encore durera son absence ?
   A chaque fête elle vient en ce lieu ;
   Mais sans la voir, je suis en sa présence,
   Et ce jour fuit ! adieu, ma mère, adieu.
   Divine Marie.

## 18. — LA BANNIÈRE DE MARIE.

1. Venez, venez, troupe fidèle,
   Marie appelle ses enfants.
   Rassemblez-vous, courez tous auprès d'elle,
   Venez vous placer dans ses rangs.

   Allons, accourons tous
   Auprès de notre Mère
   Sous sa blanche bannière
   Rassemblons-nous.

2. Voyez briller sa douce image
   Comme l'étoile du matin,
   Dans les dangers de ce pèlerinage
   Elle nous montre le chemin.
   Allons.

3. Marchez toujours avec courage.
   Au nombre des bons serviteurs ;
   La Vierge alors, sensible à votre hommage,
   Vous comblera de ses faveurs.
   Allons.

4. Elle sera votre lumière,
Elle sera votre secours ;
Si l'ennemi vous déclare la guerre,
Elle vous défendra toujours.
Allons.

5. Sous le drapeau de la patrie
Le fier soldat brûle d'ardeur.
Et le chrétien, sous les yeux de Marie,
Brave l'enfer et sa fureur.
Allons.

6. Avancez donc, saintes phalanges,
Suivez l'étendard glorieux ;
C'est l'étendard de la Reine des Anges :
C'est lui qui nous conduit aux cieux.
Allons.

---

## 19. — L'ORPHELIN, ou L'ENFANT DE MARIE.

1. Sur cette triste terre
Une douleur amère.
Sans cesse dévore mon cœur.
Chaque jour à toute heure
Je gémis et je pleure,
Je ne connais plus le bonheur.

O Marie, ô ma bonne mère,
En vous toujours j'espère,
Vous serez mon soutien.
O Marie, ô ma bonne mère,
Ayez pitié de l'orphelin.   (*Bis*)

2. En vain quand je  souipre,
J'entends un  doux sourire,
Je cherche un regard maternel.
Dans ma longue souffrance,
Je n'ai plus d'espérance,
Je n'ai qu'un  regret éternel.
O Marie.

3. Au printemps de ma vie,
Elle me fut ravie
Celle que j'aimais  tendrement.
Aujourd'hui solitaire,
Au coin de la  chaumière,
Que deviendra le pauvre enfant.
O Marie.

4. Sous un épais feuillage
L'oiseau trouve un ombrage
Contre la brûlante chaleur.
Et moi, jeune et fragile,
J'ai trouvé mon asile
Près de l'autel consolateur.
O Marie.

5. C'est dans ce sanctuaire
Que le céleste Père
M'offre le pain de chaque jour ;
Mais une Mère tendre
Sur moi daigne répandre
Tous les bienfaits de son amour.
O Marie.

## 29. — LA SAINTE VIERGE NOUS CONSOLE.

Tendre Marie, Mère chérie,
    O vrai bonheur du cœur,
Ma tendre Mère, en toi j'espère,
    Sois mes amours toujours.    *(Bis)*

1. Tout ce qui souffre sur la terre
En toi trouve un puissant secours ;
Ton cœur entend notre prière
Et ton cœur nous répond toujours.
    Tendre Marie.

2. Tu nous consoles dans nos peines
Tu viens à nous dans l'abandon ;
Du pécheur tu brises les chaînes,
C'est toi qui donnes le pardon.
    Tendre Marie.

3. Ta douce main sèche nos larmes,
Ton nom si doux guérit nos maux ;
Et nous trouvons encor des charmes
A te prier sur des tombeaux.
    Tendre Marie.

4. Tu viens consoler ceux qui pleurent,
Et tu prends soin des malheureux ;
Tu viens visiter ceux qui meurent,
Et tu les portes dans les cieux.
    Tendre Marie.

5. C'est toi qui gardes l'innocence
Dans l'âme des petits enfants ;
C'est toi qui gardes l'espérance
Dans les cœurs flétris par les ans.
    Tendre Marie.

6. Tu te montres la mère aimable.
Auprès du petit orphelin :
Celui que la misère accable,
Auprès de toi trouve du pain.
    Tendre Marie.

7. Le matelot dans la tempête,
Invoque l'Etoile des mers ;
L'Étoile brille  sur  sa tête ;
Et tu calmes les flots amers.
    Tendre Marie.

8. Je te  consacre  donc mes peines,
Je te consacre mes douleurs ;
Unissant mes larmes  aux tiennes
Je taris ma source de pleurs.
    Tendre Marie.

--------

## 21. — PRIÈRE A MARIE.

O Marie, ô ma douce Mère,
    Jetez sur moi les yeux,
    Daignez, du haut des cieux,        } Bis
    Écouter ma prière.

1. Aux dangers de la vie
    Ne  m'abandonnez pas
    Je me jette en vos bras ;
    En vous je me confie ;
Ah !  donnez-moi, donnez-moi toujours
        Votre secours !
        O Marie etc.

2. Chaque jour me rappelle
A de nouveaux combats ;
Je ne vois ici-bas
Qu'une lutte éternelle.
Ah ! donnez-moi, donnez-moi toujours
Votre secours !
O Marie etc.

3. Tout sans cesse conspire
Contre mon faible cœur,
Je tremble de frayeur
Et vers vous je soupire.
Ah ! donnez-moi, donnez-moi toujours
Votre secours !
O Marie etc.

4. Mais vous êtes ma mère
Et je suis votre enfant,
Votre pouvoir est grand ;
C'est en vous que j'espère.
Ah ! donnez-moi, donnez-moi toujours
Votre secours !
O Marie etc.

5. Vierge pleine de gloire,
Je suis à vos genoux ;
Je n'attends que de vous
L'honneur de la victoire.
Ah ! donnez-moi, donnez-moi toujours
Votre secours !
O Marie etc.

———

## 22 — MARIE REFUGE DES PÉCHEURS.

1. Reine du ciel, Vierge Marie,
O vous, ma patronne chérie!
De tout mortel qui souffre et prie,
Souvenez-vous, souvenez-vous.
Vous, d'un Dieu virginale Mère,
Qui des cieux rapprochez la terre,
Vous par qui le pécheur espère,
Priez pour nous, priez pour nous. (*Bis*)

2. O des élus fleur précieuse!
Rose blanche et mystérieuse!
De l'enfance simple et pieuse
Souvenez-vous, souvenez-vous.
Souvenez-vous de nos misères,
De nos larmes, de nos prières,
Des enfants qui n'ont plus de mères :
Priez pour nous, priez pour nous. (*Bis*)

3. Du pauvre opprimé sans défense,
Du malade sans espérance,
Et du mourant sans assistance,
Souvenez-vous, souvenez-vous.
Reine des Saints, Reine des Anges,
Recevez-nous dans vos phalanges :
Qu'au Ciel nous chantions vos louanges!
Priez pour nous, priez pour nous. (*Bis*)

## 23. — MARIE NOTRE ESPÉRANCE.

Au secours, Vierge Marie,
Hâte-toi, viens sauver mes jours,
C'est ton enfant qui t'en supplie,
Vierge Marie,
Sauve mes jours ;
Vierge Marie,
Au secours ! au secours !

1. O Mère pleine de tendresse,
Vers toi les pauvres matelots,
Lèvent les yeux dans la détresse,
Et soudain tu calmes les flots,
Au secours etc.

2. Égaré sur la mer du monde,
Mon esquif vogue loin du port ;
En écueil elle est si féconde,
Hélas ! quel sera donc mon sort ?
Au secours etc.

3. Déjà de lugubres nuages
Se déroulent au sein des airs :
Par leur souffle les noirs orages
Ont soulevé les flots amers.
Au secours etc.

4. Le bruit affreux de la tempête
S'approche et gronde avec fureur :
Il mugit, roule sur ma tête,
Mon sang se glace de frayeur.
Au secours etc.

5. Tu le vois, ma frêle nacelle
Est le jouet de l'ouragan ;
Marie, étend sur moi ton aile,
Sauve-moi, je suis ton enfant.
Au secours etc...

6. Le moment de sa triste victime
N'attend que le dernier soupir :
Je tombe au fond du noir abîme,
Si tu ne viens me secourir.
Au secours etc...

7. Je m'en souviens, sainte Patronne,
Mille fois tu sauvas mes jours ;
N'entends-tu pas, la foudre tonne,
Au secours, Marie, au secours !
Au secours etc...

8. Parais, Étoile salutaire,
Chasse les ombres de la mort ;
Que ta bienfaisante lumière
Me montre le chemin du port.
Au secours etc...

---

## 24. — INVOCATION A MARIE.

Souvenez-vous, ô tendre Mère,
Qu'on n'eût jamais recours à vous
Sans voir exaucer sa prière,
Et dans ce jour exaucez-nous. (*Bis*)

1. Des siècles reculés j'interroge l'histoire ;
Pour dire ses bienfaits ils n'ont tous qu'une voix :

Verrai-je en un seul jour s'obscurcir tant de gloire
L'invoquerai-je en vain pour la première fois ?
Souvenez-vous.

2. Bien que d'un pôle à l'autre éclate sa puissance,
Il est des lieux plus chers à son cœur maternel :
Et ces gages sacrés de la reconnaissance
M'attestent que toujours elle aima cet autel.
Souvenez-vous.

3. Marie, aux vœux de tous, prête toujours l'oreille ;
Le juste est son enfant, il peut tout sur son cœur :
Mais auprès du pécheur, jour et nuit elle veille,
Il est son fils aussi, l'enfant de sa douleur.
Souvenez-vous...

4. Et moi, de mes péchés traînant la longue chaîne,
Vierge Sainte, à vos pieds j'implore mon pardon :
Me voici tout tremblant et je n'ose qu'à peine,
Lever les yeux vers vous, prononcer votre nom.
Souvenez-vous.

5. Mais quoi ! je sens mon cœur s'ouvrir à l'espérance ;
1 retrouve la paix, il palpite d'amour :
Je n'ai pas vainement imploré sa clémence,
La Mère de Jésus est ma mère en ce jour.
Souvenez-vous.

6. Mes vœux sont exaucés puisque j'aime ma Mère,
Et que d'un feu si doux je me sens enflammé :
Je dirai donc aussi, que malgré ma misère,
Son cœur m'a répondu qnand je l'ai réclamé.
Souvenez-vous.

7. Je n'ai plus qu'un désir à former sur la terre ;
O ma Mère ! mettez le comble à vos bienfaits :
Que j'expire à vos pieds, et dans ce sanctuaire,
Si je ne dois au Ciel vous aimer à jamais.
Souvenez-vous.

## 28 MÊME SUJET.

Reine des Cieux,
Jette les yeux
Sur ce béni sanctuaire
Et des pécheurs
Guéris les cœurs
Et montre-toi notre Mère. (*Bis*)

2

Entends nos vœux,
Rends-nous heureux
En nous donnant la victoire :
Et pour jamais,
De tes bienfaits
Nous garderons la mémoire. (*Bis*)

3

Mets en nos cœurs
Les belles fleurs
Symbole de l'innocence :
Conserve-nous
Les dons si doux
De Foi, d'Amour, d'Espérance. (*Bis*)

4

Des noirs enfers
Brise les fers,
Ces fers d'un dur esclavage :
Éteins les feux
De l'antre affreux,
Et sauve-nous de sa rage. (*Bis*)

5

Astre des mers,
Des flots amers

Calme la vague écumante.:
Chasse la mort,
Et mène au port
Notre nacelle tremblante. (*Bis*)

6

Si les accents
De tes enfants
S'élèvent jusqu'à ton trône;
Dans ce séjour
Du bel amour
Garde leur une couronne. (*Bis*)

7

Accorde-nous
De t'aimer tous
Dans la céleste Patrie :
Et d'y fêter
Et d'y chanter
L'aimable nom de Marie. (*Bis*)

8

Ne souffre pas
Que le trépas
Nous surprenne dans le crime:
Non, ton enfant
Du noir serpent
Ne sera point la victime. (*Bis*)

## 26. — MÊME SUJET.

Douce Patronne,
Mère si bonne
Pour tes enfants,
Tendre Marie,
Vierge chérie,
Reçois leurs chants.

1. Vers toi j'aspire,
Et je désire
Vivre pour toi :
O toi que j'aime
Plus que moi-même,
Mère, aime-moi.
Douce....

2. Dans ta chapelle,
Vierge fidèle
Vois un pécheur :
O notre Dame,
Je te réclame
La paix du cœur.
Douce....

3. Dans ta tendresse,
Sur moi sans cesse
Jette les yeux ;
O tendre mère,
Vois ma misère
Du haut des cieux.
Douce....

4. Dans ma jeunesse,
Dans ma vieillesse
Sois mon secours ;
Et que mon âme

Pour toi s'enflamme
Toujours, toujours.
Douce....

5. Vierge propice
Dans ton service,
Tout est douceur :
T'aimer, Marie,
Toute ma vie
C'est mon bonheur.
Douce....

6. Je crains l'orage
Et le naufrage,
Je crains la mort :
Brillante Étoile,
Guide ma voile
A l'heureux port.
Douce....

7. Sainte Patronne,
Ah ! donne, donne
Au pèlerin,
Pour son voyage,
Joie et courage
Et jour serein.
Douce....

8. A ma patrie,
Tendre Marie,
Donne la paix,
Donne à la France
Et ta clémence
Et tes bienfaits.
Douce....

## 27. — MARIE PROTECTRICE DE PIE IX

1. O puissante, ô douce Marie,
Ecoutez-nous dans le danger :
Pour un père, ô Vierge bénie !
Vos enfants viennent vous prier,
Pie est le successeur de Pierre,
De l'Eglise il est le pasteur,
Du Dieu sauveur c'est le vicaire.
Couvrez-le d'un bras protecteur.


REFRAIN.


Gardez-le bien, Vierge Marie,
Ah ! de Pie exaucez les vœux ;
Veillez sur lui, Mère chérie,
Protégez-le du haut des cieux.


2. Oui c'est en vous que Pie espère,
Soyez sensible à ses accents,
Protégez-le, divine Mère ;
Sauvez le père et les enfants.
Que les suppots de la malice
Soient dispersés tous à la fois ;
Envoyez la sainte milice :
O Vierge, entendez notre voix.
        Gardez-le bien....

3. Écoutez l'enfer qui déchaîne
Contre lui cent noires fureurs ;
Voyez les efforts de la haine,
Le méchant sera-t-il vainqueur ?
Mais non, sainte et douce madone,

Vous serez toujours son appui ;
Si maintenant la foudre tonne,
Toujours vous veillerez sur lui.
      Gardez le...

4. Oui, toujours, nous osons le croire,
Sur lui vous répandrez vos dons ;
Tendre reine de la victoire,
A vos pieds nous vous supplions.
Veillez sur lui, que la malice
Et la fureur des ennemis,
Comme aussi leur vain artifice,
A ses pieds soient anéantis.
      Gardez-le...

5. De vos enfants, c'est la prière,
C'est l'épanchement de leur cœur,
C'est l'amour de leur tendre père
Qui demande cette faveur.
Toujours vous serez notre Mère,
Toujours nous voulons vous aimer !
Recevez l'hommage sincère
Que nous osons vous présenter.
      Gardez-le...

6. Devant vous, auguste Marie,
Ah ! si nos vœux sont présentés ;
C'est que d'une Mère chérie,
Toujours ils seront exaucés.
Daignez-donc, sur ce tendre père,
Jeter un regard maternel ;
Soyez toujours sa bonne Mère
Et sur la terre et dans le ciel.
      Gardez-le...

———

### 28. A NOTRE-DAME AUXILIATRICE.

1. Chrétiens qui combattons aujourd'hui sur la terre,
Souvenons-nous toujours au milieu du danger,
Souvenons-nous qu'au ciel nous avons une Mère
Dont le bras tout-puissant saura nous protéger.

> Notre-Dame de la Victoire
> De l'enfer triomphe en ce jour ;
> Encore un chant de gloire,
> Encore un chant d'amour.

2. Plaçons en elle seule une ferme espérance ;
Que nos cœurs dévoués l'aiment jusqu'au trépas :
Et que, de notre sein, son nom béni s'élance
Pour nous rallier tous au plus fort des combats.
> Notre-Dame...

3. C'est la tour de David, inexpugnable asile,
Qui, du démon jaloux, brave tous les assauts ;
C'est l'arche défiant, dans sa marche tranquille,
Et la fureur des vents, et la rage des flots.
> Notre-Dame...

4. Dans les temps où l'erreur dominait sur le monde,
Quand l'Église luttait contre tous les tyrans,
Vous priiez, ô Marie, et la grâce féconde
Enfantait chaque jour de nouveaux combattants.
> Notre-Dame...

5. Plus tard si l'hérésie arbore sa bannière
Si l'antique serpent soudain s'est redressé ;
Vierge !... vous paraissez... Satan dans la poussière,
Sous votre pied vainqueur se débat terrassé.
> Notre-Dame...

6. O Vierge immaculée ! et mille fois bénie,
Ajoutez à vos dons, un don plus précieux ;
Faites qu'après le cours d'une pieuse vie
Et pasteurs et troupeaux soient reçus dans les cieux.
Notre-Dame...

7. Et si le monde encore contre nous se déchaîne,
S'il brave le Très-Haut, s'il outrage ses lois,
Marie, apprenez-nous à mépriser la haine
De tous ces ennemis qui blasphèment la croix.
Notre-Dame...

8. Donnez à vos enfants la force et le courage,
Un courage à l'épreuve et du fer et du feu ;
Prêts à sacrifier, si la lutte s'engage,
Nos âmes et nos corps en holocauste à Dieu.
Notre-Dame...

---

## 29.— A NOTRE-DAME DES VICTOIRES.

1. Faibles mortels, que l'espérance
Calme nos peines, nos douleurs ;
Le Ciel, sur nous, dans sa clémence
Verse de nouvelles faveurs.
D'un nom chéri, la douce gloire
Vient d'apparaître à l'univers :
Ma Mère a vaincu les enfers,
Et nous la proclamons Reine de la Victoire.

Toujours, Mère de Dieu, oui toujours à nos cœurs
Ta bannière sera chère,
Et sa douce lumière
Guidant nos pas vainqueurs,
Notre vie, ô Marie,
Méritera ton amour, tes faveurs.

2. Relevez-vous, tribus lointaines,
Peuples vaincus, brisez vos fers ;
Soyez heureux, rompez vos chaînes,
Fuyez Satan, maudit, pervers.
Il s'est levé le jour de gloire,
Vos soupirs ont fléchi les cieux,
Marie, ô frères malheureux !
Se montrera pour vous, Reine de la Victoire.
Toujours...

3. C'est vainement, Vierge Marie,
Que l'enfer frémit contre nous ;
Tes enfants bravent sa furie,
Et méprisent son noir courroux,
Sur tes pas ils verront la gloire
Toujours couronner leurs efforts,
Toujours cédant à leurs transports,
Leurs cœurs te béniront, Reine de la Victoire.
Toujours...

4. Saint étendard de notre Mère,
Nous en faisons le doux serment !
Nous te suivrons dans la carrière
Unis jusqu'au dernier moment ;
Et quand viendra le jour de gloire,
Marie entendra les vainqueurs,
Autour de toi formant leurs chœurs,
La proclamer encore Reine de la Victoire.
Toujours...

––––––

## 30. — LE DOUX NOM DE MARIE.

C'est le nom de Marie
Qu'on célèbre en ce jour,
O famille chérie,
Chantez ce nom d'amour.

1. C'est le nom d'une Mère,
Chantez, heureux enfants ;
Unisssez pour lui plaire
Et vos cœurs et vos chants.
        C'est le nom...

2. C'est un nom de puissance
Un nom plein de douceur ;
Mais toujours sa clémence
Surpasse sa grandeur.
            C'est...

3. C'est un nom de victoire,
Il dompte les enfers,
Il nous donne la gloire
De briser tous nos fers.
            C'est...

4. C'est un nom d'espérance
Au pécheur repentant ;
Un gage d'innocence
Au cœur juste et fervent.
            C'est...

5. Il n'est rien de plus tendre,
Il n'est rien de plus fort :
Le Ciel aime à l'entendre ;
Pour l'enfer c'est la mort.
            C'est...

6. La parole première,
Que dit Jésus enfant,
Fut le nom de sa Mère
Qu'il dit en souriant.
            C'est...

7. Il est doux à la terre,
Il est plus doux au ciel :

Un cœur pur le préfère
A la douceur du miel.
    C'est...

8. Dans la sainte patrie
Puissions-nous à jamais,
Douce Vierge Marie,
Le chanter à jamais.
    C'est...

## 31. — LE MOIS DE MARIE.

C'est le mois de Marie,
C'est le mois le plus beau,
Chantons, troupe chérie,
Un cantique nouveau.

1. Parons le sanctuaire
De nos plus belles fleurs,
Offrons à notre Mère
Et nos chants et nos cœurs.
    C'est.

2. De la saison nouvelle
Qui dira les attraits :
Marie est bien plus belle,
Plus doux sont ses bienfaits...
    C'est.

3. L'étoile bienfaisante,
Qui se lève au matin,
Est moins éblouissante
Que son regard divin.
    C'est.

4. Qu'une éclatante aurore
Brille au loin dans les cieux,
Elle est plus  belle encore,
Son front plus gracieux.
C'est.

5.Du vallon solitaire
Le lis, par sa blancheur,
De cette  Vierge mère
Retrace la pudeur.
C'est.

6. Aimable violette,
Ta modeste beauté
Est l'image imparfaite
De son humilité.
C'est.

7. La rose épanouie
Aux premiers feux du jour
Nous redit de Marie
L'inépuisable amour.
C'est.

8. Dans une âme qui l'aime,
Elle sème les  fleurs,
Tendre Marie, toi-même,
Sème-les dans nos cœurs.
C'est.

9. Protège ma faiblesse,
Vierge sois mon secours ;
Prouve-moi ta tendresse
Au dernier de mes jours.
C'est.

10. Dans la sainte  patrie
Puissions-nous à  jamais,
Sainte Vierge  Marie,
Célébrer tes bienfaits.
C'est.

## 32. — PÈLERINAGE A MARIE

1. Prévenons les feux de l'aurore,
Allons, précipitons nos pas ;
La Vierge nous appelle encore,
Allons nous jeter dans ses bras.

*Refrain.* Allons offrir à notre mère
Un cœur brûlant de son amour,
Consacrons dans son sanctuaire
Les prémices d'un si beau jour.                    } *bis*

2. Aux pieds de la Vierge fidèle,
Venez, répétez vos serments ;
Venez tous, elle vous appelle,
Car tous vous êtes ses enfants.
Elle aime à se voir entourée
De ses fidèles serviteurs ;
Ils ne l'ont jamais implorée                       } *bis*
Sans se voir comblés de faveurs.
        Allons offrir.

3. Justes, son amour vous invite,
Votre mère vous tend la main,
Qu'à sa voix votre cœur palpite,
Venez reposer sur son sein:
Vous lui retracez le modèle
Et les traits de son fils Jésus;
De sa tendresse maternelle,                        } *bis*
Ah ! pourriez-vous craindre un refus?
        Allons offrir.

4. Pécheur, son amour te réclame,
Pour toi son cœur est alarmé ;
Ton crime a déchiré son âme,

Mais un fils est toujours aimé.
Elle reconnut au Calvaire
Jésus dans l'homme de douleurs :
Elle va se montrer ta mère,
En te couvrant aussi de pleurs.    } *bis*
    Allons offrir.


5. Heureux enfants de l'opulence,
Venez à son trône immortel :
Des dons de la magnificence,
Venez embellir son autel.
De votre or et de vos richesses,
Quel usage plus glorieux ?
Vous achetez par ces largesses.    } *bis*
Une avocate dans les cieux.
    Allons offrir.


6. Vous que la fortune cruelle
Paraît poursuivre sans retour,
Chaque jour venez auprès d'elle
Chercher le pain de chaque jour.
Pauvre elle-même sur la terre,
Marie entendra vos accents.
Des orphelins elle est la mère,    } *bis*
Les malheureux sont ses enfants.
    Allons offrir.

7. Vous tous qui répandez des larmes
Venez, venez à ses genoux,
Et vos pleurs auront tant de charmes
Que le Ciel en serait jaloux.
Que dis-je, votre âme attendrie
Retrouvera le vrai bonheur,
Sitôt que le nom de Marie
Retentira dans votre cœur.    } *bis*
    Allons offrir.

## 33. — PÈLERINAGE A L'AUTEL DE MARIE.

*Départ.*

**1**

Vers l'autel de Marie
Marchons avec amour ;
Vierge aimable et chérie,
Donne-nous un beau jour (*ter*).

**2**

On dit que sur notre âge
Repose ton amour !
Pour ce pèlerinage
Donne-nous un beau jour (*ter*).

**3**

Bientôt dans ta chapelle
Parlera notre amour :
Il te sera fidèle.
Donne-nous un beau jour (*ter*).

**4**

La fleur, brillante image
Du pur et saint amour,
Nous t'en ferons l'hommage.
Donne-nous un beau jour (*ter*).

**5**

Et dans ton sanctuaire,
Montre-nous ton amour :
N'es-tu pas notre Mère?
Donne-nous un beau jour (*ter*).

*Retour.*

### 6

Ton amour.... c'est le gage
Du bonheur de ce jour :
Qu'il soit notre partage !
Donne-nous un beau jour *(ter)*.

### 7

L'enfer de sa furie
Nous poursuit chaque jour :
Ah ! Sauve-nous la vie,
Donne-nous un beau jour *(ter)*.

### 8

Loin de ton sanctuaire,
Qu'il est de tristes jours :
Contre notre misère
Donne-nous un beau jour *(ter)*.

### 9

Eh quoi ! lâche, infidèle,
J'oublierais ce jour !!!
Non, soutiens notre zèle,
Donne-nous un beau jour *(ter)*.

### 10

La vie est un passage,
Au ciel, au ciel un jour !
Donne-nous en le gage,
Donne-nous ton amour *(ter)*.

## 34.—MÊME SUJET.

Vers l'autel de Marie
Marchons en chantant,
Oui,
Chantons doucement :
Pour nous
Ces lieux sont si doux !
Espoir de notre vie,
Refuge béni,
Oui,
Vers ton cœur chéri
Le tendre amour nous conduit.

1. Ah ! loin d'une mère
L'affreuse misère
Déchire nos cœurs
Par mille douleurs.
Vers.

2. Aimable Marie,
L'enfer en furie
De son fier courroux
Nous lance les coups.
Vers.

3. Dans ces jours d'alarmes,
De soupirs, de larmes,
Sois notre secours
En tous lieux, toujours.
Vers.

4. Notre âme t'implore,
Te cherche, t'honore ;
O Reine des Cieux,
Exauce nos vœux.
Vers.

5. Protége l'enfance
Contre la licence
Qui corrompt les mœurs
Par d'attraits flatteurs.
Vers.

6. O Vierge clémente,
Conserve innocente
L'âme qui toujours
Cherche ton amour.
Vers.

7. Désarme le crime
Qui nous rend victime,
Et livre nos cœurs
A d'affreux malheurs.
Vers.

8. Ah ! sois notre guide,
Que l'ange perfide
Ne puisse jamais
Nous lancer ses traits.
Vers.

9. Sur l'âme souffrante,
Sur l'âme mourante,
Grave ton saint nom :
C'est le plus beau Don.
Vers.

10. Douce souveraine,
Des Anges la Reine,
Au jour de la mort
Conduis nous au port.
Vers.

11. O brillante Étoile,
A nos yeux dévoile

De l'éternité
La vive clarté.
    Vers.

12. Au pied de ton trône,
O Vierge, couronne
Tes enfants chéris,
Ils te sont soumis.  Vers.

---

## 38. — LE SANCTUAIRE DE MARIE.

Auguste sanctuaire,
Délicieux séjour,
Reçois notre prière
Et nos hymnes d'amour.

1. Aux brillants palais de la terre
Mille fois je préfère
Tes charmes, ta douceur.
Aimable asile
Toujours tranquille
Tu portes dans mon cœur
La paix et le bonheur.
    Auguste.

2. Voici la demeure chérie
De la Vierge Marie,
De la Reine des Cieux.
Dans ce saint temple
Elle contemple,
D'un regard gracieux,
Ses serviteurs pieux.
    Auguste.

3. Ici les don de sa clémence
Coulent en abondance
De son cœur maternel,
Et sa tendresse
Veille sans cesse
Sur le pauvre mortel
Qui prie à son autel.
        Auguste.

4. Ici le lis de l'innocence
Fleurit dans le silence
Loin des vents orageux,
Et sa parure
Toujours si pure
Brille dans ces saints lieux,
Comme un rayon des cieux.
        Auguste.

5. Et toi, fleur jadis si charmante,
Une haleine brûlante
Fait pâlir ta couleur.
Rose flétrie,
Viens à Marie,
Un souffle de son cœur
Te rendra ta fraîcheur.
        Auguste.

6. Venez, trop fragile jeunesse,
Et vous, triste vieillesse,
Ayez ici recours:
Entrez sans crainte,
Dans cette enceinte
Vous trouverez toujours
Un généreux secours.
        Auguste.

7. Venez, vous à qui la souffrance
A ravi l'espérance,
Vous qui versez des pleurs ;
Marie est bonne,
Elle vous donne
Un terme à vos malheurs,
Un baume à vos douleurs.
   Auguste.

8. Aux pieds de la Vierge fidèle,
Dans son humble chapelle,
Offrons lui nos présents.
Sous cette voûte,
Marie écoute
Et les vœux et les chants
De ses dignes enfants.
   Auguste.

---

## 36. — A SAINT JOSEPH.

1. Salut, noble époux de Marie,
Digne père du Dieu sauveur,
Toi dont la présence chérie
Met le comble à notre bonheur.
Joseph, oui, nous voulons te plaire,
T'aimer, te bénir tous les jours :
Joseph, montre-toi notre Père
  Toujours, toujours, toujours.

2. Naguère encore de ta puissance
Nous sentîmes les traits vainqueurs :
Reçois notre reconnaissance,
Et l'hommage de tous nos cœurs.
   Joseph.

3. O Joseph, veille sur nos terres,
Bénis le riche bienfaisant,
Écoute les humbles prières
Du pauvre cœur reconnaissant.
Joseph.

4. Protège les âmes ferventes,
Ramène à Jésus le pécheur,
Écoute les voix suppliantes
Du remords et de la douleur.
Joseph.

5. Bénis l'enfance, la jeunesse,
Protège l'ouvrier chrétien.
Donne à tous dans la vieillesse
Un doux trépas comme le tien.
Joseph.

6. Joseph, brise le joug du vice
Et du lâche respect humain ;
Que l'orgueil, la froide avarice
Tombent foudroyés par ta main.
Joseph.

7. Que jamais l'enfer et le monde
Ne souillent nos cœurs affaiblis :
Que des démons la troupe immonde
Tombe sous ton sceptre de Lis.
Joseph.

8. Ne permets jamais qu'on oublie
Le jour au Seigneur consacré ;
Que jamais nulle langue impie
Ne blasphème son nom sacré.
Joseph.

9. Tous nos cœurs, Joseph, t'en conjurent,
Sois notre Patron, notre Chef ;
Nous aimerons, nos voix le jurent,
Jésus, et Marie et Joseph.
**Joseph.**

— 37 —

Joseph, nous vous rendons hommage.
 Grand Saint, donnez-nous vos vertus,
Et nous retracerons l'image
Et de Marie et de Jésus *(bis)*.


1. Époux fortuné de Marie,
Fortuné père de Jésus,
Parfait modèle de la vie
Qui forme les Saints, les Élus,
        Joseph.

2. Le Dieu que l'univers adore
Trente ans obéit à vos lois,
Sans doute vous avez encore
Au Ciel sur son cœur tous vos droits.
        Joseph.

3. A vos soins un Dieu s'abandonne,
Soyez aussi mon conducteur ;
Déjà Marie est ma patronne,
Soyez mon père et mon tuteur !
        Joseph.

4. Jésus dès sa première enfance
Partage, adoucit vos travaux ;
Dans tous les miens que sa présence
Me soit de même un doux repos !
        Joseph.

5. Jésus assiste avec Marie
A votre bienheureux trépas,
Faites qu'en terminant ma vie
Aussi j'expire entre vos bras !
        Joseph.

6. Et que de vertus enrichie
Mon âme au séjour des élus,
Comme vous auprès de Marie,
Contemple, bénisse Jésus.
Joseph.

---

— 38 —

La gloire humaine est passagère,
Tout meurt en ce monde mortel.
Pour la vie humble et solitaire,
Dieu garde un éclat éternel.
Joseph, inconnu sur la terre,
Que vous êtes grand dans le ciel (*ter*)!

1. Un noble sang circulait dans vos veines,
Du roi David rejeton glorieux.
Vit-on jamais, aux annales humaines,
Des noms plus grands que ceux de vos aïeux ?
Titres brillants, la terre vous proclame,
Pompeux honneurs, vous frappez nos esprits ;
Mais votre éclat ne peut rien sur son âme,
Pour vous, Joseph, n'a qu'horreur et mépris.
La gloire etc.

2. Plus, sur la terre, une âme s'humilie,
Plus le Seigneur la relève à ses yeux ;
Le monde vain dans son ombre l'oublie,
Mais l'ange écrit sa gloire dans les Cieux.
Nul ne connaît votre existence obscure,
Vous l'enfermez dans un humble séjour :
Humble séjour, vile et pauvre masure,
Qu'un Dieu pourtant doit habiter un jour !
La gloire etc.

3. Dans votre main brille le lis sans tache :
Aussi le Ciel remet-il en vos mains
Un autre lis, fleur sainte qui se cache
Sous l'œil de Dieu, loin des regards humains.
Un époux vierge est digne de Marie,
Votre cœur pur était fait pour le sien :
Devenez donc de sa vertu chérie
Le protecteur, un autre Ange gardien.
La gloire etc.

4. Obtenez-nous l'amour de l'innocence,
Avec l'horreur de l'orgueil, des plaisirs,
Et nous mettrons plus haut notre espérance,
Les vanités n'auront plus nos désirs.
Pleins de mépris pour ce monde frivole,
Nous marcherons par les sentiers obscurs,
Et des élus l'immortelle auréole
Couronnera nos fronts humbles et purs.
La gloire etc.

— 39 —

*Refrain.* Volez, volez, Anges de la prière,
A Joseph, au plus haut des Cieux
Offrez, offrez de notre amour sincère
Les accents, l'hommage et les vœux (*ter*).

1.

Joseph, comme nous sur la terre
Tu gémis, tu versas des pleurs:
Que l'aspect de notre misère
Sur nous attire tes faveurs.

2.

Aux jours de ton humble carrière,
Comme nous tu fus ouvrier ;
Tu vois nos maux, notre misère,
Joseph, peux-tu nous oublier?

3.

Nous le savons, ta main dispense
Les biens du Monarque des Cieux :
Celui dont tu gardas l'enfance
T'a confié les malheureux.

4.

Que de fois ce Dieu tout aimable,
O Joseph, sur ton noble cœur
Inclinant sa tête adorable,
Du repos goûta la douceur !

5.

Et maintenant, de sa tendresse
Heureux de suivre encor les lois,
D'accorder sa grâce il s'empresse
Quand tu fais entendre ta voix.

6.

Réponds à notre confiance,
Parmi nous conserve à jamais
Avec la fleur de l'innocence
Les charmes si doux de la paix.

7.

Le monde de sa folle ivresse
Nous offre les trompeurs appas ;
Brise sa coupe enchanteresse,
De ses piéges garde nos pas.

8.

Fais qu'aux fruits d'une paix sincère
Nous sachions unir la vigueur,
Pour combattre dans la carrière
Toujours fidèles au Seigneur !

### 9.

Et s'il nous faut, en cette vie,
Subir tous les genres de maux,
Que de Jésus, que de Marie,
L'amour soutienne nos travaux !

### 10.

Quand sonnera l'heure dernière,
Saint Patron de la bonne mort,
Du triste exil de cette terre
Daigne encor nous conduire au port !

### 11.

Que près de toi, près de Marie,
Au pied du trône de Jésus,
Nous jouissions dans sa patrie
Du bonheur promis aux élus.

---

### — 40 —

1. Inspirés par l'amour et la reconnaissance,
   Faisons éclater nos transports :
   A chanter de Joseph la bonté, la puissance,
   Consacrons nos pieux accords.
   Tandis que pour lui nos cantiques
   Vont retentir jusques aux cieux,
   Du haut des célestes portiques
   Sur nous s'abaisseront ses yeux.

*Refrain.* Vous qu'en vain jamais on ne prie,
   O le plus doux des bienfaiteurs,      } *bis*
   Avec Jésus, avec Marie,
   A jamais vivez dans nos cœurs.        } *bis*

2. Dans un profond respect que partout on honore
L'aimable gardien de Jésus :
Qu'on s'applique à l'envi du couchant à l'aurore,
A reproduire ses vertus :
Qu'on lui rende un fidèle hommage
Dans les hameaux, dans les palais :
Que partout brille son image,
Signe de la céleste paix.

Vous etc.

3. Le Sauveur dans les mains de sa Mère chérie
Dépose toutes ses faveurs ;
Par les mains de Joseph la divine Marie
Répand ses trésors dans nos cœurs.
Joseph aime à voir sous son aile
Tous ses enfants se réunir :
Chaque jour sa main paternelle
Sur eux s'étend pour les bénir.

Vous etc.

4. Le juste avec Joseph, loin du bourbier du vice,
Suit du vrai bonheur le chemin :
Pour vous faire sortir de l'affreux précipice,
O pécheurs, il vous tend la main.
Les sentiers de la pénitence
Devant lui se couvrent de fleurs :
L'affligé par son assistance,
Trouve des charmes dans les pleurs.

Vous etc.

5. Voyez-vous ce chrétien, le front calme et tranquille,
Au fort de ses derniers combats ?
Il est comme un rocher sous les flots immobile,
Joseph le soutient de son bras.
Bientôt dans l'heureuse patrie
Où Dieu couronne ses élus,
Il le mène aux pieds de Marie
Qui l'offre elle-même à Jésus.

Vous etc.

## — 41 —

Qui veut en paix couler sa vie
Et joyeux terminer ses jours,
Qu'avec confiance il supplie
L'heureux Joseph de lui prêter secours (*bis*)


1. Époux de la Vierge Marie,
Père nourricier de Jésus,
Juste, fidèle, quand il prie
Peut-il jamais essuyer un refus (*Bis*)?
Qui veut.

2. Il adore un Dieu dans l'étable,
S'exile avec le doux Sauveur ;
Puis de sa perte inconsolable
Au temple enfin le trouve avec bonheur (*bis*)
Qui veut.

3. A ses mains doit sa subsistance
Le créateur du monde entier ;
A sa voix, par obéissance,
Le Fils de Dieu veut bien s'humilier (*bis*).
Qui veut.

4. Le Dieu sauveur avec sa Mère
L'assiste au moment du trépas ;
Et sans regret quittant la terre,
Plein d'espérance, il s'endort dans leurs bras (*bis*)
Qui veut.

5. Dans tous les siècles gloire au Père,
Gloire au Fils, gloire au Saint-Esprit.
O Trinité que tout révère,
Pour vous bénir, la terre au ciel s'unit (*Bis*).
Qui veut.

— **42** —

1. Saint époux de Marie,
Écoutez nos accents ;
Au ciel, notre patrie,
Priez pour vos enfants.

Priez, priez, priez pour vos enfants (*bis*).

2. Le Sauveur sur la terre
Reçut vos soins touchants.
Soyez pour nous un père,
Priez pour vos enfants.
Priez, priez, etc.

3. Témoin de sa naissance
Et de ses jeunes ans,
Gardien de son enfance,
Priez pour vos enfants.
Priez, etc.

4. Quand sous le glaive impie
Tombent les innocents,
Jésus vous doit la vie,
Priez pour vos enfants.
Priez, etc.

5. Vous dont la main fidèle
Soutint les pas tremblants
De la force éternelle,
Priez pour vos enfants.
Priez, etc.

6. L'enfer contre eux sans cesse
Lance ses traits brûlants,
Ah ! voyez leur détresse,
Priez pour vos enfants.
Priez, etc.

7. Gardez notre jeune âge
Des plaisirs séduisants ;
Quand grondera l'orage,
Priez pour vos enfants.
Priez, etc.

8. Qu'à travers cette vie
Nous passions triomphants ;
Qu'un jour dans la patrie
Règnent tous vos enfants.
Règnent, règnent, règnent tous vos enfants (*bis*).

———

**— 43 —**

1. Noble époux de Marie,
Digne objet de nos chants,
Notre cœur t'en supplie,
Veille sur tes enfants.

Veille, veille sur tes enfants (*bis*).

2. Le Sauveur sur la terre
Reçut tes soins touchants :
Toi qu'il nomma son père,
Veille sur tes enfants.
Veille, etc.

3. Témoin de sa naissance
Et de ses jeunes ans,
Gardien de son enfance,
Veille sur tes enfants.
Veille, etc.

4. Au jour de la colère,
Tu ravis aux tyrans
Le Sauveur et sa Mère :
Veille sur tes enfants.
        Veille, etc.

5. Toi dont l'obéissance,
En ces dangers pressants,
Devint leur providence,
Veille sur tes enfants.
        Veille, etc.

6. Toi dont la main féconde
A nourri si longtemps
Le Créateur du monde,
Veille sur tes enfants.
        Veille, etc.

———

## 44. — A SAINT BASILE.

Chantons la sublime victoire
De Basile au séjour des cieux,
Offrons à sa douce mémoire
De nos cœurs l'hommage et les vœux.

1. Issu d'une famille sainte,
De parents nobles et vertueux
Qui du Seigneur remplis de crainte
Ne travaillaient que pour les cieux.
        Chantons.

2. Basile toujours à son père
Se montra doux, humble, soumis,
Comme à sa bonne et tendre mère,
En suivant ses sages avis.
Chantons.

3. Athènes, aux sages écoles
Où s'assemblaient les beaux esprits,
Le couvrit souvent d'auréoles,
Lui décernant ses premiers prix.
Chantons.

4. Mais en acquérant la science
Il acquit aussi les vertus,
Et cette aimable sapience
Découlant du cœur de Jésus.
Chantons.

5. Son amour pour la solitude,
La retraite, l'austérité,
La paix, la douce quiétude
De tout enfin l'a détaché.
Chantons.

6. Nouvel astre de Cappadoce,
Brillant de l'éclat le plus doux ;
Honneur, gloire du sacerdoce !
Et toujours bienfaisant pour tous.
Chantons.

7. Tout à la fois le fils, le père,
De son prélat qui le chérit,
Père par sa vive lumière,
Et fils par la douceur d'esprit.
Chantons.

8. Que dire de sa bienfaisance,
Que dire de sa charité ?
Quand, cédant par obéissance,
Comme pontife il fut sacré.
Chantons.

9. Basile, dans le sanctuaire,
En présence du Saint des Saints,
Au Seigneur offrait sa prière
Avec l'ardeur des Séraphins.
          Chantons.

10. En vain le faste et l'opulence
Pensèrent-ils l'intimider.
Il sut, par sa mâle éloquence,
De leur malice triompher.
          Chantons.

11. Du haut des cieux, Pontife aimable,
Ah ! daignez abaisser sur nous
Un regard doux et favorable
Qui nous attire près de vous.
          Chantons.

------

## 48. — A SAINT JEAN DE LA CROIX.

1. Esprit saint, de tes feux embrase-nous, éclaire
          Notre faible esprit, notre cœur.
Écoute, ô Dieu d'amour, notre ardente prière,
          Remplis-nous d'une sainte ardeur.
          Et dans une vive allégresse,
          A l'Ange unissant nos accords,
          Pénétrés d'une sainte ivresse,
          Nous redirons avec transports :

          Chantons les vertus et la gloire
          De l'astre brillant du Carmel ;
          Et pour célébrer sa mémoire
          Que la terre s'unisse au ciel (*bis*).

2. Divine pauvreté, que de vertu sublime,
     De grâce, de don précieux
Renfermés dans ton sein, vaste et profond abîme !
     Viens les dévoiler à nos yeux.
     Sois toujours notre tendre Père :
     Nous sommes aussi tes enfants.
     Ah ! pour toi qu'un amour sincère
     Nous rende toujours triomphants.
        Chantons etc.

3. Aimable et sainte croix, par le Seigneur léguée
     Aux cœurs nobles et courageux,
Viens nous dire de Jean combien tu fus aimée,
     Comme tu le rendis heureux !!!
     Il te chérit comme une Reine,
     Et voulut t'adjoindre à son nom,
     Avec toi la plus grande peine
     N'était que jubilation.
        Chantons etc.

4. Vous, brûlants Séraphins, dites-nous sa tendresse,
     La vive ardeur de son amour ;
Vous, sages Chérubins, dites-nous la sagesse
     Brillant en lui comme un beau jour ;
     Et nous pourrons alors redire
     Combien ses sublimes vertus
     A jamais au céleste Empire
     Reluiront parmi les élus.
        Chantons etc.

5. Que de glorieux combats, ô Dieu, quelle victoire,
     Que de travaux jusqu'au trépas
Soutenus par l'amour de ta plus grande gloire,
     Qui toujours a guidé ses pas !
     Que sa noble et sainte devise
     « Souffrir, humilié pour vous !!! »
     Notre âme toujours la redise
     Avec le transport le plus doux.
        Chantons etc.

## 46. – AU BIENHEUREUX BENOIT JOSEPH LABRE

Célébrons l'heureuse victoire
D'un bienheureux nommé Benoît,
Félicitons-le de la gloire
Qu'en ce jour au ciel il reçoit.
Dans ces bas lieux sa vie obscure
Du monde le tenait caché,
Mais son âme sainte et si pure
Sort enfin de l'obscurité.

2

Benoît, dès sa plus tendre enfance,
Pour son Jésus brûlant d'amour,
A ses parents fit tant d'instance
Qu'il obtint de le suivre un jour.
Dans une nouvelle carrière
Suivant les désirs de son cœur,
Et sans retourner en arrière,
Court avec une sainte ardeur.

3

Si la tendresse maternelle
A ses désirs veut s'opposer,
Pour Dieu Benoît toujours fidèle
Saura bientôt en triompher.
« Ah ! laissez-moi, ma tendre mère,
« Suivre l'attrait de mon Jésus !
« Dans sa seule grâce j'espère :
« Je ne demande rien de plus. »

4

Non, non, les plus grands sacrifices
Ne peuvent jamais l'arrêter,
Il ne trouve que des délices

Et court au lieu de reposer.
S'il sort d'un premier monastère
Pour suivre la voie de son Dieu,
C'est qu'il veut une vie austère
Qu'il ne trouve point en ce lieu.

5

Pour suivre la divine trace
D'un Dieu souffrant, portant sa croix,
Il n'est rien que Benoît ne fasse.
Jésus le veut, il suit sa voix.
Dieu m'appelle, je veux le suivre,
Se dit-il, et jusqu'à la mort
Pour lui seul je veux toujours vivre,
Dans ses mains je remets mon sort.

6

A Sept-Fonts, comme à la Chartreuse,
Benoît ne fera que passer ;
Une contrée plus heureuse
Désormais pourra le fixer.
Portant ses pas vers l'Italie,
Cheminant par monts et par vaux,
C'est là qu'il va couler sa vie,
Mériter l'éternel repos.

7

Comment nous peindre de Lorette
Les transports, le ravissement,
Quand dans la pauvre maisonnette
Il reçoit le Dieu tout-puissant !
C'est dans cet humble sanctuaire
Que de Dieu l'ange descendu,
Pleine de grâce, soyez mère !!!
Dit-il, et le Verbe est conçu.

8

Daignez, ô Marie, ô ma mère,
Veiller sur moi, me soutenir :

Tant que je serai sur la terre
Constamment je veux vous servir.
Que votre bonté maternelle
Dirige et conduise mes pas,
Que la vie heureuse, éternelle,
Soit le prix de tous mes combats.


### 9

Rome, Rome, cité chérie !
Apparaît enfin à ses yeux :
De bonheur son âme ravie
Goûte les délices des cieux.
Permettez, ô mon divin maître !
Que, toujours marchant sur vos pas,
A vos pieds je puisse paraître
Et vous suivre jusqu'au trépas.


### 10

Toujours fidèle à sa promesse,
Auprès du Très-Saint Sacrement,
Goûtant la plus douce allégresse,
On le trouve constamment.
Dans le délicieux asile
Où le Seigneur est adoré,
Voyez-le modeste, immobile,
Priant humblement prosterné.


### 11

La pauvreté lui fut si chère,
Qu'il choisit pour son logement
Une humide et vieille tanière
Dont le tigre fut l'habitant,
Et couché sur la terre nue,
Il prenait son peu de repos.
Chrétiens, pécheurs, à cette vue
Ne redoutons pas tant nos maux.

### 12

Mais sa carrière se termine,
Et l'âme, embrasée d'amour,
Par un doux transport s'achemine
Et monte vers l'heureux séjour.
Tendre Marie, ô mère aimable !
Venez recevoir votre enfant ;
Dans le sein de l'Être adorable
Ah ! déposez-le triomphant.

### 13

Du haut de la céleste voûte,
Où les saints sur ces harpes d'or
Que le Seigneur lui-même écoute
Soupirent leur divin accord,
O sublime et sainte harmonie !
Heureux Benoît, faites qu'un jour
Aux pieds de Jésus, de Marie,
Nous la goûtions à notre tour.

———

## 47. — A SAINTE THÉRÈSE.

Oh ! que ton trône est auguste et sublime,
Noble Thérèse, au céleste séjour ;
Du saint amour si tu fus la victime,
Ton bonheur est dans le sein de l'amour.

### 2

Va, va, mon fils, disait un prince illustre,
Étends au loin ton nom et ta grandeur :
A ta puissance ajoute un nouveau lustre
Digne de toi pour renfermer ton cœur.

3

Ainsi Dieu parle à l'épouse fidèle :
Vierge chérie, objet de mes transports,
Quitte au plus tôt ta dépouille mortelle,
Non, tu ne peux plus tenir dans ton corps!

4

D'un feu si doux les pures étincelles
Sous cette cendre auraient peine à jaillir :
Va, va te perdre en des ardeurs plus belles,
Près de ton Dieu contente ton désir.

5

Thérèse alors dans les cieux fut ravie :
Comme un fruit mûr, qui tombe sans effort,
Par l'Esprit-Saint son âme fut cueillie,
Et sous son souffle elle prit son essor.

6

Comme à son centre une flamme s'envole,
Comme l'encens s'exhale dans les airs,
Thérèse ainsi, loin d'un monde frivole,
S'élève enfin au plus bel univers.

7

Mais du Thabor elle sent les délices,
Quand du Calvaire elle a su les rigueurs :
Sa gloire fut le prix des sacrifices,
Et sous la croix elle cueillit les fleurs.

8

Dans les transports d'un céleste délire
Elle s'écrie : ou souffrir, ou mourir!!!
Souffrant, mourant, ô nouvelle martyre,
Tu meurs pour vivre et souffres pour jouir.

9

Divin Jésus, dont les saints artifices
Font dans la croix goûter un doux plaisir !
Ta croix fera mes plus chères délices :
Je veux t'aimer, donne-moi de souffrir.

### 10

Oh ! quand luira cette aurore immortelle
Dont le beau jour ne doit jamais finir !
Et qu'embrasé de ta flamme éternelle,
Mon cœur pourra t'aimer et te bénir.

----

## 48. — A SAINTE PHILOMÈNE

O Dieu, quelles merveilles
En ces jours de douleurs
Ont frappé nos oreilles
Et consolé nos cœurs !
Bientôt la terre est pleine (*bis*)
De votre nom si doux,
 Illustre Philomène (*is*),
Intercédez pour nous.

### 2

La nuit des catacombes
Ne cache plus son nom ;
Du fond des saintes tombes
Perce un nouveau rayon.
Quelle splendeur soudaine (*bis*)
Jaillit autour de vous !
O grande Philomène (*bis*),
Intercédez pour nous.

### 3

Viens partager mon trône,
Viens, lui dit l'Empereur :
Accepte ma couronne
Et donne-moi ton cœur.

Non, non, Jésus m'enchaîne *(bis)*,
Jésus est mon époux !
O chaste Philomène *(bis)*.
Intercédez pour nous.

### 4

Exercez votre rage,
Bourreaux, sur cette enfant,
Et toujours son courage
Sortira triomphant.
Plus forte que leur haine *(bis)*,
Elle a bravé les coups :
O jeune Philomène *(bis)*,
Intercédez pour nous.

### 5

Leur cruauté féconde,
Pour avoir son aveu,
Aux coups, aux dards, à l'onde
Ajoute encor le feu.
Quatre fois sur l'arène *(bis)*
Vous lassez leur courroux ;
Constante Philomène *(bis)*,
Intercédez pour nous.

### 6

Mais le combat s'achève,
Le tyran, furieux,
Fait trancher par le glaive
Des jours si glorieux.
Au Ciel l'amour l'entraîne *(bis)*
Près du divin Époux :
Heureuse Philomène *(bis)*,
Intercédez pour nous.

### 7

La palme du martyre
Et le lis le plus beau,
Quand Philomène expire,

Brillent sur son tombeau.
Un saint amour amène (*bis*)
Les affligés vers vous :
O tendre Philomène (*bis*),
Intercédez pour nous.

### 8

Gloire de l'Italie,
Secours des malheureux,
Ah ! Sur notre patrie
Veillez du haut des cieux.
*M*arie est notre Reine (*bis*),
Son fils est votre Époux :
O sainte Philomène (*bis*),
Intercédez pour nous.

---

## PRIÈRE A MARIE POUR LES AMES DU PURGATOIRE.

*Refrain.*

Notre prière, ô tendre Mère,
Monte vers vous :
Sainte Marie, Vierge chérie,
Exaucez-nous.

1. Dans les cachots brûlants où gémissent les âmes
Qui n'ont pas expié tous les péchés commis,
Descendez, Vierge sainte, et tempérez les flammes
Où pleurent nos parents et nos tendres amis.
Notre prière, etc.

2. Dans ce lieu de douleur, qu'amère est la souffrance !
Que tristes sont les jours ! que longues sont les nuits !
De ces cœurs désolés ranimez l'espérance,
Qui peut seule adoucir leurs accablants ennuis.
Notre prière, etc.

3. Vous pouvez, ô Marie ! ô Vierge si puissante !
Secourir nos amis, délivrer nos parents.
Ob ! Soyez toujours bonne et toujours indulgente :
Apaisez, ô Marie ! apaisez leurs tourments.
Notre prière, etc.

4. O Mère de Jésus ! sensible à notre plainte,
Que ceux qui nous sont chers soient sauvés de ce lieu !
Conduisez-les vous-même en la demeure sainte,
Pour jouir de la paix en la présence de Dieu !
Notre prière, etc.

# TABLE DES CHANTS

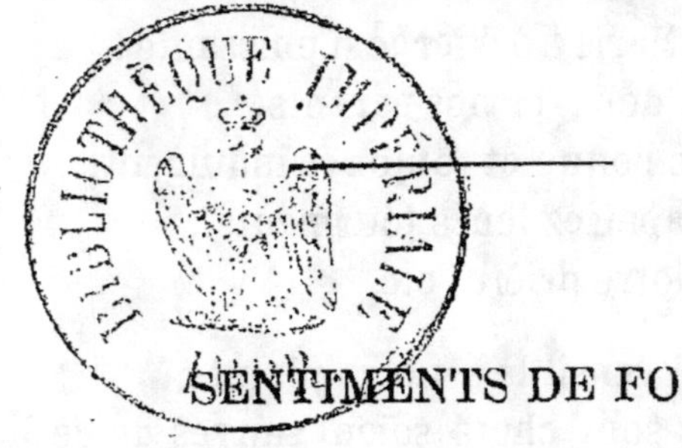

## SENTIMENTS DE FOI.



## A NOTRE SEIGNEUR.



## A LA SAINTE VIERGE.

## A SAINT JOSEPH.



---

Abbeville. — Imprimerie de P. Briez

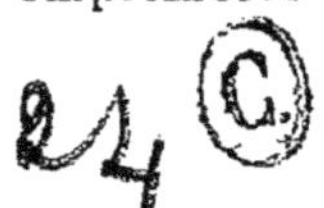